DÉPARTEMENT DU

ASSISTANCE

des Vieillards, des Infirmes et des Incurables

PRIVÉS DE RESSOURCES

(Loi du 14 Juillet 1905)

I

RAPPORT présenté au Conseil Général
par la Commission spéciale
chargée d'étudier le Règlement départemental

Délibération du Conseil Général du 20 Août 1906

II

RÈGLEMENT DÉPARTEMENTAL

Voté par le Conseil Général le 22 Août 1906

CAEN

CH. VALIN, IMPRIMEUR DE LA PRÉFECTURE

13, RUE ÉCUYÈRE

1907

I

RAPPORT

Présenté au Conseil Général

Par M. CHERON

Au nom de la Commission spéciale chargée d'étudier le projet
du règlement présenté par M. le Préfet du Calvados
sur l'assistance obligatoire des Vieillards, des Infirmes
et des Incurables privés de ressources

Messieurs,

La loi du 15 juillet 1893 avait institué en France l'assistance obligatoire pour les malades privés de ressources.

La loi du 14 juillet 1905 est venue à son tour proclamer le droit du vieillard, de l'infirme et de l'incurable à l'assistance.

A partir du 1er janvier prochain, en effet, tout Français privé de ressources, incapable de subvenir par son travail aux nécessités de l'existence, et, soit âgé de plus de 70 ans, soit atteint d'une infirmité ou d'une maladie reconnue incurable, récevra l'assistance instituée par le législateur.

C'est là pour le vieillard, l'infirme, l'incurable, un droit. La loi lui confère une véritable créance contre les collectivités intéressées, c'est-à-dire la commune, le département et l'Etat.

La loi de 1905, amendant en cela la situation faite aux communes par la loi de 1893, fixe à cinq ans le temps requis pour l'acquisition ou la perte du domicile de secours. Elle donne en outre à la commune, au département ou à l'Etat qui ont secouru un ayant-droit dont l'assistance ne leur incombait pas, la possibilité de se faire rembourser les sommes qu'elles auront avancées, mais jusqu'à concurrence d'une année de secours seulement.

Messieurs, l'article 6 de la loi du 14 juillet 1905 dispose que le service de l'assistance aux vieillards, aux infirmes et aux incurables est organisé dans chaque département par le Conseil général. Sans doute, l'Etat intéressé, au double point de vue de sa subvention et de l'intérêt social dont il a la garde, exercera-t-il son droit de contrôle sur votre décision, mais c'est vous, en somme, qui avez à remplir le principal rôle dans l'application de la loi ; c'est vous qui serez, comme sur le terrain de la loi de 1893, l intermédiaire administratif aussi bien que l'intermédiaire financier entre l'Etat et les communes.

Saisis de cette affaire lors de votre session dernière, vous avez nommé une Commission spéciale pour l'examen de l'importante question qui vous était ainsi soumise.

Cette Commission a pris connaissance de votre délibération, de la circulaire de M. le Ministre de l'Intérieur ; elle a entendu à plusieurs reprises M. le Préfet. Finalement, elle m'a fait l'honneur de me charger du rapport. Bien que ce rapport doive porter principalement sur l'assistance à domicile et sur le projet de règlement à intervenir, il m'a paru qu'il convenait d'exposer la question à tous ses points de vue et pour cela d'envisager successivement la procédure d'admission à l'assistance, les modes d'assistance, les conséquences financières de la loi pour le département du Calvados. C'est quand nous serons en possession de tous ces éléments qu'il nous sera possible de discuter utilement le projet de règlement qui nous est soumis, et ce sera la dernière partie de notre travail.

I. — Vous savez, Messieurs, quelle est la procédure instituée par la loi pour permettre aux vieillards, infirmes et incurables de faire valoir leurs droits.

Chaque année, un mois avant la première session ordinaire du Conseil municipal, le bureau d'assistance, après examen des demandes écrites, dressera la liste des ayants-droit, en proposant en même temps le mode d'assistance qui convient à chacun d'eux et la quotité de cette assistance. Cette liste ne devra pas seulement porter les noms de ceux qui ont leur domicile de secours dans la commune. Ce sont tous les ayants-droit qui devront y figurer. C'est ainsi que l'article 7 prescrit que la liste sera divisée en deux parties, la première comprenant les ayants-droit possesseurs du domicile de secours dans la commune, la seconde, les autres.

Vous savez qu'une copie de cette liste est adressée au conseil municipal, une autre au Préfet, qu'elle est revisée tous les trois mois, avant chaque session du Conseil ; que le Conseil prononce l'admission à] l'assistance des personnes ayant leur domicile de secours dans la commune et règle les conditions dans lesquelles elles seront assistées ; qu'enfin, la liste ainsi arrêtée par le Conseil municipal est déposée au secrétariat de la mairie tandis qu'avis de ce dépôt est donné par voie d'affiches.

C'est alors que la loi de 1905 va entourer de garanties particulièrement importantes le droit du vieillard aussi bien que celui des contribuables.

Pendant un délai de 20 jours, en effet, à compter du dépôt dont nous venons de parler, tout ayant-droit dont la demande a été rejetée peut présenter sa réclamation à la mairie, de même que tout habitant ou contribuable de la commune peut demander l'inscription de personnes omises ou la radiation de celles indûment portées sur la liste. Le taux de l'allocation de secours à chaque assisté peut être l'objet du même recours. Il s'agit ici de l'allocation individuelle accordée à l'assisté et non point d'un recours contre le taux fixé par le Conseil municipal et le Conseil général.

Vous savez enfin, Messieurs, qu'une véritable juridiction statue sur les réclamations ainsi présentées. C'est une commission cantonale composée du sous-préfet, d'un conseiller général, d'un conseiller d'arrondissement, du juge de paix, d'un délégué du préfet, d'un délégué des bureaux d'assistance du canton et d'un délégué des sociétés secours de mutuels, qui, dans le délai d'un mois, et par décision motivée, statue après avoir entendu le maire et les réclamants sur les protestations qui lui étaient soumises.

Ce n'est pas tout, et les moyens de recours ne sont pas épuisés avec la Commission cantonale.

Toute personne intéressée, c'est-à-dire tout ayant-droit, habitant ou contribuable de la commune peut se pourvoir contre les décisions de la Commission cantonale ; ce pourvoi est adressé, dans le délai de 20 jours, à M. le Ministre de l'Intérieur, qui saisit lui-même de la question une Commission centrale composée de 15 membres du Conseil supérieur de l'assistance publique et de deux membres du Conseil supérieur de la mutualité ; mais ce pourvoi n'est pas suspensif, et, par conséquent, tant que cette dernière Commission n'aura pas statué, c'est la décision de la Commission cantonale qui obligera la commune, soit à l'inscription, soit à la radiation de l'assisté.

Vous voyez combien cette procédure est complète et rationnelle.

Nous avons jusqu'alors raisonné sur le cas des ayants-droit ayant le domicile de secours dans la commune. A l'égard des autres, dès la réception des listes, le Préfet saisit les collectivités intéressées des noms des postulants qu'elles sont obligées à secourir.

En ce qui concerne les ayants-droit qui ont le domicile de secours départemental, c'est-à-dire qui ont résidé pendant cinq ans dans le département sans avoir résidé pendant le même délai dans aucune commune, c'est la Commission départementale qui joue le même rôle que le conseil municipal, et il résulte des circulaires ministérielles que le Conseil général jouera alors le rôle de juridiciton d'appel, le dernier recours étant toujours ouvert à l'ayant-droit auprès du Ministre de l'Intérieur et de la Commission centrale dont nous avons déjà parlé.

Maintenant que nous connaissons bien la procédure instituée par la loi, nous comprenons que son application doit être prévue sans restriction aucune. Il n'appartient pas, en effet, aux collectivités intéressées de réduire plus ou moins arbitrairement les dépenses qu'occasionnera la loi ; on peut dire qu'elles ont pour seule limite, le droit de l'assisté, le réclamation du contribuable et enfin le maximum fixé dans chaque commune pour le taux de l'allocation à domicile.

Nous touchons ici à ce qui est la seconde partie de notre

rapport et j'arrive à vous parler des modes d'assistance prévus par la loi.

II. — Modes d'assistance

L'article 19 de la loi règle les modes d'assistance. Ils sont au nombre de deux : l'assistance à domicile, l'assistance hospitalière.

Le législateur pose en principe que l'assistance doit être donnée à domicile. M. le Ministre de l'Intérieur en a donné la raison dans ses instructions : « Ce mode d'assistance, dit-il, est plus humain, laissant le malheureux dans son pays, au milieu de ses affections, ne lui enlevant rien de son indépendance et lui permettant d'employer librement ce qui lui reste de forces ; il est plus moral aussi, car il ne dégage pas les parents; les amis de l'assisté des soins personnels qu'ils lui doivent: enfin, il est moins coûteux. » Ce sont là des considérations auxquelles on ne saurait trop s'associer, et c'est pourquoi les pouvoirs publics se fussent singulièrement trompés s'ils avaient, par une réduction excessive du taux de l'allocation, rendu impossible l'assistance à domicile et provoqué un nombre d'autant plus grand d'admissions hospitalières.

C'est seulement si l'assisté ne peut être utilement secouru à domicile qu'on le placera à l'hospice, et encore faudra-t-il qu'il y consente.

Le législateur s'est montré large en ce qui concerne la définition de l'hospitalisation. Il admet, en effet, non seulement le placement dans un hospice public, mais le placement dans un établissement privé ou chez des particuliers. La loi ajoute même que le placement pourra avoir lieu dans des établissements pubics ou privés où le logis seulement sera assuré aux assistés, indépendamment de toute autre forme d'assistance.

L article 24 de la loi décide, du reste, que le Conseil général désigne les établissements privés qui, en cas d'insuffisance des hospices, peuvent recevoir les vieillards, infirmes et incurables Des traités, soumis a l'approbation de l'administration supérieure, règleront les conditions de ce placement.

En vertu de toutes ces dispositions et laissant de côté cette

question de traités, qui sera résolue pour chaque espèce parti-
culière, le Conseil général avait à se préoccuper de trois points ;
la question du taux de l'assistance à domicile ; la désignation
des hospices qui seront tenus de recevoir les ayants-droit ;
¹a question des prix de journée dans ces établissements.

1º Assistance à domicile

L'article 20 de la loi décide que l'assistance à domicile con-
siste dans le paiement d'une allocation mensuelle. Le taux
de cette allocation est arrêté pour chaque commune par le
conseil municipal, sous révserve de l'approbation du Conseil
général et du Ministre de l'Intérieur.

Il ne peut, dit la loi, être inférieur à 5 fr. ni, à moins de
circonstances exceptionnelles, supérieur à 20 fr. S'il est supérieur à 20 fr., la délibération du Conseil général n'est pas seulement soumise à l'approbation ministérielle, mais encore à
l'avis du Conseil supérieur de l'assistance publique. Au-dessus
de 30 fr., l'excédent n'entre pas en compte pour la détermi-
nation de la subvention du département et de l'Etat.

Quel est, Messieurs, le caractère de ce taux de l'assistance ?
Il doit représenter théoriquement pour chaque commune le
coût de la vie pour le vieillard, l infirme ou l'incurable totalement dénué de ressources. C'est pour arriver à cette déter-
mination que l'administration préfectorale a adressé à chaque
commune un petit tableau destiné à établir le décompte des
frais de logement , de nourriture, d'entretien et de chauf-
fage,

Lorsque le taux arrêté par le conseil municipal sera devenu
définitif par l'approbation du Conseil général et du Ministre
de l'Intérieur, c'est lui qui servira de base à l'assistance à
domicile dans la commune.

L ayant-droit sera-t-il totalement dénué de ressources,
l'allocation lui sera attribuée dans son entier. Dispose-t-il.
au contraire, déjà de certaines ressources, son allocation sera
diminuée d'autant. Toutefois, le législateur justement soucieux
de ne pas décourager l'épargne, décide que les ressources qui
en proviendront, notamment une pension de retraite que se

serait acquise l'ayant-droit, n'entreront pas en décompte si elles n'excèdent pas 60 fr. par an. La loi tolère même le chiffre de 120 fr. pour ceux qui justifieront qu'ils ont élevé trois enfants jusqu'à l'âge de 16 ans. Dans le cas où les ressources provenant de l'épargne dépassent ces chiffres, l'excédent n'entre en décompte que jusqu'à concurrence de moitié, sans que les ressources provenant de l'épargne et de l'allocation d'assistance réunies puissent dépasser 480 fr.

L'assistance à domicile peut être donnée en une seule fois ou par fractions ; elle peut être attribuée, en tout ou en partie en nature. On a voulu prévoir, en effet, le cas d'un bénéficiaire qui pourrait consommer en quelques jours une allocation en argent et auquel il vaudra mieux donner des secours en nature· Dans les villes où il existe des institutions d'assistance assurant la vie à bon marché, ce mode de secours permettra même de donner à l'assisté plus de secours pour la même somme.

C'est le bureau de bienfaisance ou d'assistance qui décidera si le secours doit être donné en nature, et, dans ce dernier cas, l'allocation mandatée au receveur du bureau de bienfaisance sera payée aux fournisseurs désignés contre justifications.

Messieurs, les diverses communes du Calvados ont été invitées par M. le Préfet à fixer le taux d'allocation de l'assistance à domicile. Il faut constater le grand empressement avec lequel les conseils municipaux se sont préoccupés de l'application de la loi.

Hier, dans son discours au Conseil général, M. le Président disait que notre département pouvait se faire honneur de ses sentiments de solidarité sociale. Ces paroles trouvent, dans le cas qui nous occupe, une éclatante justification.

Un seul conseil municipal du département s'est refusé, en effet, à délibérer sur l'application de la loi, c'est celui de Pierres, arrondissement de Vire, dont le maire, M. Hamel, écrit à M. le Préfet, à la date du 2 août 1906 : « J'ai l'honneur de faire connaître à M. le Préfet du Calvados que le conseil municipal, convoqué à nouveau, conformément à la circulaire préfectorale du 26 juin dernier, pour fixer le taux de l'allocation mensuelle devant être accordée aux vieillards, infirmes et incurables, a décidé à l'unanimité de ne pas délibérer sur cette question. »

Votre Commission spéciale, Messieurs, m'a chargé de protester d'un mot contre ce mépris de la loi, contre cet oubli des principes d'humanité qui l'ont inspirée et de souligner avec regret cette exception, heureusement unique, mais fâcheuse, aux sentiments généreux et à l'esprit légal qui animent toutes les municipalités de notre département.

Quatre autres communes, sans opposer un refus aussi catégorique, n'ont fixé aucun taux. Ce sont : Montchauvet, La Graverie, dont le conseil municipal dit que les infirmes et les vieillards ayant toujours reçu du bureau de bienfaisance les secours nécessaires en nature ou en argent, il n'y a pas lieu de voter l'indemnité fixant le coût de l'existence pour les individus privés de ressources ; enfin, Saint-Pierre-la-Vieille qui dit que son bureau de bienfaisance possédant des revenus suffisants pour subvenir aux besoins de ses pauvres, il n'est pas indispensable de fixer dès à présent un coût minimum pour cet objet. La commune de Beauquay n'a pas répondu.

Faisons remarquer aux communes qui prétendent remplir suffisamment leur devoir d'assistance envers les vieillards infirmes et incurables, à l'aide de leur bureau de bienfaisance :

1º Que la loi du 14 juillet 1905, à la différence de la loi du 15 juillet 1893, n'a pas prévu d'organisation spéciale ;

2º Que les secours des bureaux de bienfaisance sont toujours purement facultatifs, tandis que la loi a entendu instituer non une faculté, mais une obligation, et qu'elle a donné aux vieillards un droit qui ne peut être soumis au caprice d'aucun établissement charitable.

A côté de ces quelques exceptions, la presque unanimité des communes a fait preuve du plus grand empressement dans l'application de la loi, et voici la statistique des délibérations intervenues :

Arrondissement de Bayeux

125 communes ont fixé à 15 fr. par mois le taux de l'allocation d'assistance à domicile.

4 communes à un chiffre inférieur à 15 fr.

3 communes à un chiffre variant entre 15 et 20 fr. y compris.

1 commune à un chiffre supérieur à 20 fr.

Arrondissement de Caen

166 communes ont fixé le taux à 15 fr.

11 communes à un chiffre inférieur à 15 fr.

7 communes à un chiffre variant entre 15 et 20, y compris

3 communes à un chiffre supérieur à 20 fr.

Arrondissement de Falaise

104 communes ont fixé le taux à 15 fr.

3 communes à un chiffre inférieur à 15 fr.

6 communes à un chiffre variant entre 15 et 20 fr., y compris.

0 commune à un chiffre supérieur à 20 fr.

Arrondissement de Lisieux

105 communes ont fixé le taux à 15 fr.

3 communes à un chiffre inférieur à 15 fr.

14 communes à un chiffre variant entre 15 et 20 fr., y compris.

0 commune à un chiffre supérieur à 20 fr.

Arrondissement de Pont-l'Evêque

85 communes ont fixé le taux à 15 fr.

3 communes à un chiffre inférieur à 15 fr.

16 communes à un chiffre variant entre 15 et 20 fr., y compris.

3 communes à un chiffre supérieur à 20 fr.

Arrondissement de Vire

78 communes ont fixé le taux à 15 fr.

6 communes à un chiffre inférieur à 15 fr. (sans compter les 5 communes dont il a été question et qui n'ont rien voté du tout).

5 communes à un chiffre variant entre 15 et 20 fr., y compris.

2 communes à un chiffre supérieur à 20 fr.

Votre Commission spéciale, Messieurs, s'est préoccupée de l'accueil qu'il convenait de faire à ces délibérations.

Dans votre séance du 24 avril 1906, vous aviez émis l'avis que :

1° Pour les petites communes du département le taux de l'allocation à domicile fût uniformément fixé à 15 fr., chiffre que vous preniez à la fois comme minimum et comme maximum pour elles ;

2° Pour la ville de Caen, les villes sous-préfectures et certaines communes importantes que vous aviez désignées, le taux fût de 20 fr;

Le Ministre de l'Intérieur a fait justement observer au Conseil général qu'il avait outrepassé ses droits en fixant lui-même le taux à accorder dans de nombreuses communes, et en limitant jusqu'à concurrence de 15 fr. la participation du département aux allocations supérieures à ce chiffrre ne dépassant pas celui de 20 fr., normalement prévu par la loi.

Dans ces conditions, votre Commission spéciale, se basant sur le texte même de l article 20, s'est inspirée, dans les propositions qu'elle va vous faire, des considérations suivantes :

1° Il lui apparaît que le coût de la vie d'un vieillard totalement dénué de ressources ne peut être, nulle part dans le département du Calvados, fixé à un chiffre inférieur à 15 fr. par mois.

Comment voulez-vous, en effet, Messieurs, qu'un homme se nourrisse, se loge et se vêtisse, pourvoie à son blanchissage pour moins de 50 centimes par jour ? Il faut même dire que c'est là un taux d'assistance, et si je définissais ma pensée je dirais que cette somme représente tout juste ce qui permettra au vieillard de ne pas mourir de faim. C'est le minimum de ce que le sentiment le plus élémentaire de solidarité sociale permettait d'adopter.

Par conséquent, votre Commission vous propose d'approuver les délibérations de tous les conseils municipaux qui ont fixé à 15 fr. par mois l e taux de l'assistance à domicile et d'émettre l'avis formel qu'il y a lieu de relever ou de fixer à ce chiffre l'allocation à domicile dns les communes qui avaient adopté un taux inférieur ou qui n'avaient fixé aucun taux ;

2º Pour ce qui est des communes qui ont fixé un taux supérieur à 15 fr. et ne dépassant pas 20 fr., votre Commission, après une longue discussion, a décidé à la majorité qu'il y avait lieu de respecter la liberté des conseils municipaux sur ce point.

Cette décision ne fait que consacrer la latitude donnée à ces assemblées par l'art. 20. Vouloir réduire arbitrairement à 15 fr. le taux d'assistance serait méconnaître le texte et aller au devant d'une nouvelle observation fondée de M. le Ministre de l'Intérieur.

Enfin, n'oublions pas qu'il est contraire à l'esprit général de la loi d'adopter un taux uniforme dans toutes les communes, puisque l'allocation doit représenter le coût de la vie ; que ce coût ne peut être le même partout et que les conseils municipaux sont les mieux placés en vérité pour apprécier les conditions de la vie locale.

Votre Commission a donc décidé de vous proposer l'approbation de toutes les délibérations qui fixent à un chiffre variant entre 15 et 20 fr. y compris, l'allocation d'assistance à domicile.

3º Reste enfin, Messieurs, la catégorie très peu nombreuse des communes qui ont fixé un chiffre supérieur à 20 fr.

Votre Commission ne peut que rendre hommage au sentiment qui les a inspirées, mais là encore il est bon de se reporter au texte de la loi : « Le taux d'assistance, dit-elle, ne peut être, **à moins de circonstances exceptionnelles**, supérieur à 20 fr. »

Votre Commission a donc uniquement examiné, en prenant chaque espèce, si des circonstances exceptionnelles se rencontraient. On ne lui en a pas fait la démonstration, dès lors, elle vous propose d'émettre l'avis qu'il y a lieu d'arrêter à 20 fr., chiffre maximum normal de l'assistance fixé par la loi, l'allocation à domicile dans ces communes.

Telles sont les résolutions que nous avons l'honneur de vous soumettre en ce qui concerne la fixation des allocations d'assistance à domicile.

Hospitalisation

Nous avons déjà dit que nous laissions de côté les établissements privés avec lesquels le département passera des traités spéciaux, qui vous seront soumis.

Deux questions plus immédiates devaient préoccuper le Conseil général, en exécution de l'article 23 de la loi : la désignation des hospices et hôpitaux-hospices qui seront tenus de recevoir les vieillards, infirmes et incurables qui ne peuvent être assistés à domicile ; 2° la fixation du prix de journée dans ces établissements.

Sur la première question, le Conseil général prend une délibération définitive ; sur la seconde, il émet simplement un avis, et c'est le Préfet qui fixe en définitive le prix de journée.

Les hospices dont la désignation est proposée sont ceux de Bayeux, Caen, Villers-Bocage, Argences, Troarn, Falaise, Lisieux, Orbec, St-Pierre-sur-Dives, Pont-l'Evêque, Trouville, Honfleur, Vire et Condé-sur-Noireau.

Dans chaque hospice, M. le Préfet a provoqué un travail sur la répartition des lits en vue de l'application de la loi de 1905.

La plupart des établissements qui viennent d'être mentionnés sont, en effet, des hôpitaux-hospices, c'est-à-dire qu'ils reçoivent à la fois des malades et des vieillards et infirmes.

Deux grandes catégories distinctes de lits doivent être, dès lors, instituées : les lits d'hôpital et les lits d'hospice.

Chaque catégorie doit contenir à son tour deux subdivisions.

A l'hôpital la première est celle des lits que l'établissement doit mettre gratuitement à la disposition de la commune sur le territoire de laquelle il est situé et dans la mesure de ses ressources, conformément à la loi de 1851. La seconde est celle des lits perpétuellement affectés aux besoins de la loi du 15 juillet 1893 et payés au prix de journée.

De même à l'hospice c'est-à-dire dans l'établissement ou dans la partie de l'établissement réservée aux vieillards, infirmes et incurables, deux catégories de lits : ceux auxquels en vertu de l'article 31 de la loi du 14 juillet 1905 l'établissement hospitalier peut et doit pourvoir avec les ressources de sa dotation ;

en second lieu les lits affectés aux vieillards infirmes et incurables, mais payés au prix de journée.

Les établissements hospitaliers ont fait parvenir à la préfecture le travail demandé. M. le Préfet a pleins pouvoirs pour déterminer la répaitition des lits en exécution de l'article 23 de la loi du 14 juillet 1905.

Messieurs, ayant ainsi désigné les hospices et hôpitaux-hospices qui seront tenus de recevoir les vieillaids, infirmes et incurables, laissé à M. le Préfet le soin de donner aux lits de chacun de ces établissements les affectations nécessaires, il vous reste à donner votre avis sur la fixation du prix de journée dans les hospices, pour les vieillaids, infirmes et incurables.

A cet égard, l'article 23 de la loi précise les attributions du Conseil général :

« Le prix de journée, dit-il, est réglé par le Préfet, sur la proposition des Commissions administratives, et après avis du Conseil général, sans qu'on puisse imposer un prix de journée inférieur à la moyenne du prix de revient constatée pendant les cinq dernières années. Il est révisé tous les cinq ans. »

Vous avez donc un avis à émettre sur les prix de journée réclamés par les Commissions administratives, et c'est M. le Préfet qui statuera.

Caen, Lisieux, Bayeux, Villers-Bocage, Troarn, Orbec, Saint-Pierre-sur-Dives, Pont-l'Evêque, Trouville, Honfleur, Vire, Condé-sur-Noireau, après diverses observations de M. le Préfet, ont finalement demandé des prix de journée qui sont soit identiques, soit inférieurs à ceux pratiqués depuis longtemps dans leurs hospices, savoir : 1 fr. pour Caen ; 1 fr. 25 pour Bayeux, Lisieux, Villers-Bocage, Troarn, Pont-l'Evêque ; 1 fr. 10 pour Orbec, Saint-Pierre-sur-Dives, Vire et Condé-sur-Noireau ; 1 fr. 20 pour Honfleur ; 1 fr. 60 pour Trouville. M. le Préfet propose la ratification de tous ces chiffres.

Une contestation est soulevée par le rapport préfectoral en ce qui concerne les demandes de deux établissements : Argences et Falaise.

En ce qui concerne Argences, il n y a pas de difficulté proprement dite.

L'hospice d'Argences vient d'être créé. On ne peut savoir

à l'heure actuelle le prix de revient de la journée dans cet établissement.

A tout hasard, la Commission administrative avait demandé 2 fr., et on comprend très bien le sentiment de prudence auquel elle avait obéi. Mais le Conseil général n'accordant nulle part ce prix de journée, ne peut le pratiquer spécialement pour un établissement hospitalier. Toutefois, d'accord avec M. le Préfet, nous vous proposons d'émettre l'avis que le prix de journée à Argences soit fixé à 1 fr. 50, chiffre supérieur à la plupart de ceux qui viennent de vous être soumis, et encore de dire qu'au bout d'une année, s'il apparaît que ce taux est inférieur au prix de revient de l'établissement, il sera revisé sans délai.

En ce qui concerne Falaise, la Commission administrative de l'hospice de cette ville réclame un prix de journée de 1 fr. 60. M. le Préfet estime dans son rapport que ce chiffre est exagéré et il propose 1 fr. 10, prix réclamé, dit-il, par des établisse-ments se trouvant dans des conditions identiques.

Votre Commission, en présence de cette observation de M. le Préfet, ne pouvait examiner qu'une chose : le prix de journée que M. le Préfet se montre disposé à admettre est-il inférieur à la moyenne des cinq dernières années ?

Cette moyenne, d'après la délibération de la Commission admi-nistrative de l'hospice de Falaise, fait ressortir le prix de journée à 1 fr. 086, et encore la délibération fait-elle loyalement remar-quer que, dans ce chiffre, sont compris les malades dont l'assis-tance revient à un prix plus élevé et pour lesquels, du reste l'hôpital de Falaise touche un prix de journée de 2 fr. 25, très supérieur à celui des établissements similaires. Il résulte de tout cela que le prix de journée de 1 fr. 08 doit être sensiblement réduit en ce qui concerne la catégorie des vieillards, infirmes et incurables et, puisque M. le Préfet accorde 1 fr. 10 à Falaise, chiffre supérieur même à 1 fr. 08, les indications de M. le Préfet paraissent devoir être accueillies.

Notre excellent et sympathique collègue, M. le maire de Falaise, comprendra la résolution proposée en se rappelant que, si nous devons défendre avec énergie dans nos conseils munici-paux les intérêts de nos communes, nous sommes ici uni-quement pour défendre les intérêts du département.

3º **Conséquences financières de l'application de la loi**

Il résulte de l'enquête à laquelle s'est livré M. le Préfet que, 4.700 personnes paraissent devoir bénéficier, en 1907, dans le département du Calvados, de la loi du 14 juillet 1905.

Parmi ces 4.700 personnes, 1.320 sont ou devront être hospitalisées, mais 420 d'entre elles pouvant l'être dans des lits qui doivent être mis gratuitement à la disposition des communes par les hospices en vertu de l'article 31 de la loi dont nous vous avons parlé plus haut, il ne restera que 900 hospitalisés environ au prix de journée, soit, à une moyenne de 425 fr. par lit et par an, pour les 900 ayants-droit, une dépense totale en 1907, de. . . . . 382.500 fr.

M. le Préfet estime que 2.380 autres personnes seront assistées à domicile ou placées dans des établissements privés, et il prévoit que la dépense de ce chef s'élèvera à . . . . 462.500 fr.

Enfin, M. le Préfet estime les frais d'administration et de contrôle du service à. . . . . . 5.000 fr.

C'est-à-dire que la prévision totale des dépenses du service de l'assistance aux vieillards, infirmes et incurables est fixée, dans le Calvados, pour 1907, à. . . . . 850.000 fr.

Votre Commission a ratifié ces prévisions, tout en vous faisant remarquer qu'il est impossible d'être précis avant que la loi ne nous ait elle-même apporté l'expérience de ses résultats.

Cette dépense présumée de 850.000 fr. est à répartir entre l'Etat, le département et les communes.

La règle est posée à cet égard par l'article 27 de la loi du 14 juillet 1905, dont il importe de donner lecture :

« Art. 27. — Sont obligatoires pour les communes, dans les conditions des articles 136 et 149 de la loi du 5 avril 1884, les dépenses d'assistance mises à leur charge par la présente loi.

Les communes pourvoient à ces dépenses à l'aide : 1º des ressources spéciales provenant des fondations ou des libéralités faites en vue de l'assistance aux vieillards, aux infirmes et aux incurables, à moins que les conditions desdites fondations ou libéralités ne s'y opposent ;

2 De la participation éventuelle du bureau de bienfaisance et de l'hospice ;

3° Des recettes ordinaires ;

4° En cas d'insuffisance, d'une subvention du département, calculée conformément au tableau A et d'une subvention directe et complémentaire de l'Etat, calculée conformément au tableau C, en ne tenant compte, pour le calcul de ces subventions, que de la portion de dépense couverte au moyen de ressources provenant de l'impôt, d'impositions ou de taxes dont la perception est autorisée par les lois. »

Conformément à cet article, des barèmes sont annexés à a loi de 1905, et ils déterminent, d'après la valeur du centime rapporté au chiffre de la population, la part que l'Etat, le département et la commune devront respectivement couvrir dans la dépense.

Une question s'était posée devant votre Commission spéciale à propos du paragraphe de l'art. 27, qui dit que les communes doivent mettre à la disposition du service de l'assistance aux vieillards, leurs recettes ordinaires. S'il eût fallu interpréter rigoureusement cet article et prendre aux communes toutes leurs ressources, déduction faite des seules dépenses obligatoires, l'administration communale devenait impossible. C'est la raison pour laquelle j'ai proposé à votre Commission spéciale de décider qu'il y avait lieu d'interpréter cet art. 27 de la même manière qu'on a interprété l'art. 27 de la loi du 15 juillet 1893 sur l'assistance médicale gratuite, c'est-à-dire en décidant qu'il faut entendre par recettes ordinaires que le département aura le droit d'épuiser, avant d'accorder sa subvention, les ressources disponibles après qu'il a été fait face aux divers besoins budgétaires de la commune.

Cette interprétation fut admise par votre Commission et nous avons la bonne fortune de nous être absolument rencontrés avec M. le Ministre de l'Intérieur, qui adresse ce matin même à MM. les Préfets, une circulaire dont je détache le passage suivant : « Il semble bien que la pensée du législateur a été d'assimiler le service d'assistance obligatoire des vieillards des infirmes et des incurables privés de ressources au service de l'assistance médicale gratuite. Cette assimilation existe non seulement dans les lignes générales des services, mais plus spécialement en ce qui a trait à leur organisation financière. Or, la circulaire du 27 juillet 1895 a défini ce qu'il faut entendre par recettes ordinaires au sens de l'art. 27 de la loi du 15 juillet 1893. Les recettes ordinaires doivent, pour l'application de cette dernière loi, être constituées par les recettes ordinaires libres, après prélèvement des dépenses ordinaires (obligatoires et facultatives) et des dépenses extraordinaires obligatoires garanties par un prélèvement sur ses recettes.

« Cette interprétation de l'art. 27 de la loi du 15 juillet 1893 a paru dès 1895 et est effectivement très rationnelle. Elle n'a jamais soulevé de difficultés et les titres de perception pour les recettes de l'espèce, dont copie est adressée au ministère de l'Intérieur, témoignent par eux-mêmes des facilités qu'ont les préfectures pour assurer, en ce sens, l'exécution de la loi du 15 juillet 1893. Il conviendra donc d'adopter la même interprétation et de suivre la même règle pour l'application de la loi du 14 juillet 1905.

« En ce qui concerne cette dernière loi, le calcul du contingent de chaque commune s'établira donc facilement d'après les règles que je viens de rappeler et d'indiquer. Nul autre système n'est d'ailleurs prévu par la loi et ne saurait être admis. »

Donc, plus de difficulté sur ce point. Le département, qui centralise le service, lors de la liquidation des dépenses d'un exercice, fixera le contingent de la commune, comme il le fait en matière d'assistance médicale gratuite, c'est-à-dire en épuisant d'abord les ressources spéciales provenant de fondations ou de libéralités, les subventions éventuelles du bureau de bienfaisance et de l'hospice, enfin les ressources ordinaires disponibles après qu'il aura été satisfait à tous les besoins budgétaires de la commune (dépenses obligatoires et facultatives).

C'est au surplus que s'appliquera la subvention qui ne doit porter d'ailleurs que sur la portion de dépenses couvertes au moyen de ressources provenant de l'impôt, d'impositions ou de taxes, dont la perception est autorisée par les lois.

Maintenant que nous avons expliqué cet article 27, recherchons, en tenant compte des prévisions de M. le Préfet, sur le nombre des assistés et le mcde d'assistance, de la situation financière des communes et des barêmes annexés à la loi, quelle sera la part du département dans les 850.000 fr. de dépenses que nous prévoyions tout à l'heure pour 1907.

Voici les chiffres, qui sont conformes, d'ailleurs, aux propositions préfectorales :

Contingents des communes et des établissements de bienfaisance. . . . .   430.000 fr.

Contingent de l'Etat. . . . .   270.000 fr.

Reste pour le contingent du département. .   150.000 fr.

Vous le voyez, Messieurs, par rapport à l'importance du service, la subvention du département est relativement faible. C'est que la subvention de l'Etat est singulièrement plus forte qu'en matière d'assistance médicale gratuite.

A l'aide de quelles ressources le département du Calvado va-t-il couvrir cette dépense de 150.000 fr. ?

C'est une question qui ne concernait point votre Commission spéciale et que je n'aurais point à traiter ici si je n'avais été désigné hier comme rapporteur de la Commission des Finances qui en a été régulièrement saisie.

D'abord, Messieurs, le Conseil général inscrivait déjà dans le passé à son budget différents crédits pour l'assistance aux vieillards (subventions aux communes et dépenses pour des incurables dans les hospices). Ces crédits figurent au chapitre 8, articles 11, 14 et 15 et au chapitre 13, article 3 du budget de l'exercice en cours. Ils s'élèvent à 42.500 fr.

Voilà donc déjà 42.500 fr. applicables au service.

En second lieu, M. le Préfet vous propose pour 1907 un prélèvement d'égale somme sur les ressources ordinaires. C'est-à-dire qu'en additionnant les deux éléments qui viennent d'être indiqués, le budget ordinaire vient pour 85.000 fr. au secours de nos 150.000 fr.

Restent à assurer 65.000 fr. M. le Préfet vous propose de les imputer sur le chapitre 18, § 1er du budget extraordinaire, c'est-à-dire sur l'emploi des 12 centimes mis à la disposition des Conseils généraux par la loi du 10 août 1871.

Cette imputation rend nécessaire un remaniement budgétaire et la proposition, faite par M. le Préfet, de la mise en recouvrement de 0,902 de centime non recouvrés en 1906.

4º Règlement départemental du service

Vous êtes maintenant en possession de tous les éléments qui vont vous permettre d'apprécier le règlement proposé par M. le Préfet.

Je vous le relirai tout à l'heure, article par article, afin de provoquer les observations de nos collègues.

Je me borne à vous indiquer les modifications qui ont été apportées par la Commission à ce projet de règlement.

1º Dans les art. 13 et 16 nous vous proposons de substituer à l'expression « par le placement dans des familles étrangères » la formule « par le placement chez des particuliers ». — Même observation à l'art. 17. C'est une observation de pure forme ;

2º A l'art. 21, deuxième paragraphe, au lieu de « pour le surplus, par des contingents communaux et par des subventions du département et de l'Etat », nous vous proposons : « 2º par les ressources ordinaires libres des communes, disponibles après prélèvement des dépenses ordinaires (obligatoires et facultatives) et des dépenses extraordinaires obligatoires garanties par un prélèvement sur ces recettes ; 3º par les subventions du département et de l'Etat» déterminées avec le concours du contingent communal dans les conditions de l'art. 27 de la loi ;

3º Aux art. 21 et 22, M. le Préfet vous a proposé de substituer à l'expression « contribution facultative des bureaux de bienfaisance » l'expression « contributions **éventuelles** » Pas d'observation puisque c'est la formule même de la loi.

En revanche, à l'art. 22, quatrième paragraphe, M. le Préfet vous proposait d'écrire : au lieu de « pour la contribution facultative par une délibération du même établissement, soumise au visa du Préfet », la formule « pour la contribution éventuelle par une délibération du même établissement, soumise à l'avis du conseil municipal et à l'approbation du Préfet », nous préférons la formule suivante : « pour la contribution éventuelle par une délibération du même établissement soumise à l'approbation du conseil municipal et du Préfet ». Nous

voulons marquer ainsi que, s'il appartient à l'autorité préfectorale de fixer la contribution éventuelle des hospices et des
bureaux de bienfaisance, ses pouvoirs, à notre avis, ne pour-
ront aller jusqu'à épuiser les ressources qu'ils consacraient à
d'autres œuvres de solidarité sociale, et que la double décision
de la Commission administrative et du conseil municipal
devra apporter au Préfet autre chose qu'un simple avis.

L'art. 24 soulèvera peut-être quelques objections. Il oblige
en effet les communes à effectuer, sur réquisition du Préfet,
des versements d'acomptes dans la caisse départementale.

Cette disposition proposée par M. le Préfet a eu pour but
de faciliter le mouvement de trésorerie. L'Etat a décidé,
de son côté, de donner des acomptes au département. (Ceci
résulte de la circulaire ministérielle parvenue aujourd'hui
même).

Il est juste que les communes, au fur et à mesure de l'encais-
sement de leurs ressources, donnent des acomptes. Autrement,
le département pourrait se trouver gêné dans ses paiements,
notre mouvement de trésorerie départementale ne permettant pas un avance aussi considérable que celle d'un pareil
service.

Sous réserve des modifications qui viennent de vous être
indiquées, nous avons l'honneur de vous proposer l'adoption
u règlement déposé par M. le Préfet et de prendre la délibération suivante :

Projet de délibération proposé par la Commission

Le Conseil général,

Vu la loi du 14 juillet 1905,
Vu les circulaires ministérielles des 13 avril et 1 août 1906.
1° En ce qui concerne l'assistance à domicile, fixe, sous
réserve de l'approbation de M. le Ministre de l'Intérieur, les
taux d'allocation conformément aux propositions du présent
rapport.

Approuve, en conséquence les délibérations des conseils

municipaux qui ont fixé à 15 fr. au moins et à un chiffre ne dépassant pas 20 fr., le taux de l'allocation d'assistance à domicile ;

Ne peut approuver, au contraire, les délibérations fixant des taux inférieurs à 15 fr. ;

Emet l'avis que les taux inférieurs à 15 fr. doivent être relevés à ce chiffre, qui représente le coût minimum de la vie du vieilliard dénué de ressources dans les communes du département ;

Emet l'avis qu'il y a lieu de réduire à 20 fr. le taux d'allocation mensuelle fixé à un chiffre supérieur par certaines communes, les circonstances exceptionnelles, qui seules peuvent motiver ce taux supérieur ne se rencontrant pas dans lesdites communes ;

En ce qui concerne le service hospitalier, désigne les hospices qui seront tenus de recevoir les vieillards, infirmes et incurables et émet l'avis que les prix de journée soient fixés conformément aux propositions de M. le Préfet ; délègue, en outre, à la Commission départementale les pouvoirs nécessaires pou autoriser M. le Préfet à contracter, au nom du département, des traités pour l'entretien d'assistés dans des établissements privés ;

En ce qui concerne les dépenses du service :

Fixe le budget dudit service, pour 1907, conformément aux propositions de M. le Préfet ;

Adopte le règlement proposé par M. le Préfet, sauf les modifications énoncées au présent rapport.

Il ne me reste plus, Messieurs, qu'un mot à ajouter à cette proposition de délibération. Les services de la troisième division de la préfecture du Calvados, et en particulier le chef de bureau de l'assistance, M. Halley, ont fait preuve de la plus grande diligence et d'une compétence parfaite dans la préparation des travaux administratifs nécessaires à l'application de la loi.

Votre Commission m'a chargé de l'agréable mission de les féliciter. Cette tâche m'est particulièrement agréable.

A l'heure où le rôle des Conseils généraux s'agrandit singulièrement par la centralisation d'importants services d'assistance comme ceux de la loi de 1893 et de la loi de 1905, la colla-

boration d'un personnel éclairé est plus que jamais nécessaire,
et nous constatons avec une grande satisfaction que, par le
zèle qu'il apporte à l'exercice de ses fonctions, il démontre
qu'il n'est pas moins épris que le Conseil général lui-même
de ce grand idéal de solidarité sociale qui, dominant aujour-
d'hui toutes les autres questions, s'impose à l'examen et à l'acti-
vité de tous les hommes de cœur.

*Le Conseil général, dans sa séance du 20 août 1906, a adopté
la délibération ci-dessus proposée par la Commission spéciale
ainsi que les conclusions du rapport présenté par M. Chéron
au nom de cette dernière, et ordonne l'impression de ce rapport
comme préambule du règlement départemental ci-après voté par
lui dans sa séance du 22 août 1906.*

II

RÈGLEMENT DÉPARTEMENTAL

DU

Service de l'Assistance obligatoire aux Vieillards, aux Infirmes et aux Incurables

Voté par le Conseil général dans sa séance du 22 Août 1906

TITRE Ier

Organisation administrative.

ARTICLE PREMIER

Un service public d'assistance pour tout Français privé de ressources, incapable de subvenir par son travail aux nécessités de l'existence et, soit âgé de plus de soixante-dix ans, soit atteint d'une infirmité ou d'une maladie reconnue incurable, est institué dans le département du Calvados, conformément à la loi du 14 juillet 1905. Il s'étend à toutes les communes du département.

ARTICLE 2

Le service est administré par le Préfet. Sa comptabilité et son fonctionnement constituent un service départemental.

Toutes les dépenses et toutes les recettes sont en conséquence centralisées au budget départemental. Les dépenses de toute nature sont mandatées par le Préfet, qui exerce, s'il y a lieu, contre qui de droit, en ce qui concerne les assistés à domicile de secours départemental, les recours prévus par la loi, notamment contre les collectivités, sociétés, personnes ou membres de la famille tenues à l'assistance ou à la dette alimentaire.

ARTICLE 3

Le Préfet passe les traités avec les particuliers qui reçoivent les assistés en placement familial.

Ces placements sont effectués par les soins du Préfet, après décision de principe des conseils municipaux ou de la commission départementale, selon la catégorie à laquelle appartiennent les assistés. Ceux-ci peuvent être placés hors la commune de leur résidence sans que leur domicile de secours puisse se trouver modifié dans l'avenir.

ARTICLE 4

MM. les Maires visitent les assistés placés dans leurs communes chez des particuliers et signalent au Préfet, s'il y a lieu, l'insuffisance des soins donnés aux assistés, le mésusage qui pourrait être fait de l'allocation mensuelle, les ressources ou moyens d'existence que les assistés dissimuleraient et enfin la possibilité d'un recours contre toute personne tenue à l'assistance.

ARTICLE 5

Dans des cas exceptionnels, plus particulièrement lorsque l'intérêt du département, des communes, de l'Etat ou des assistés paraîtrait compromis, le Préfet déléguera un des agents du service placés sous ses ordres pour se rendre compte sur place du fonctionnement du service, soit à domicile, soit dans les établissements hospitaliers. L'agent délégué rendra compte au Préfet des résultats de son enquête.

L'administration s'assurera en outre par tous les moyens dont elle dispose que tous les lits à entretenir gratuitement dans les établissements hospitaliers sont constamment occupés ; elle veillera tout particulièrement à l'application stricte de l'art. 31 de la loi du 14 juillet 1905, qui règlemente cette question, de telle sorte qu'aucune des dépenses incombant auxdits établissements ne soit imputées au service.

ARTICLE 6

Le Préfet, sur le vu des rapports qui lui sont adressés en vertu des deux précédents articles, prend les mesures que nécessitent les abus signalés ; en cas d'urgence, il peut, avec le consentement de l'assisté, le déplacer et pourvoir provisoirement à son entretien, à la charge d'en référer au maire, si l'assisté a un domicile de secours communal et à la commission départementale si l'assisté a son domicile de secours dans le département seulement.

TITRE II

Admission et radiation.

ARTICLE 7

Les demandes d'admission à l'assistance formées par des personnes qui, résidant dans la commune, prétendent y avoir le domicile de secours communal, sont adressées au président du bureau d'assistance et instruites dans les conditions prévues par les articles 7 et suivants de la loi du 14 juillet 1905.

La demande doit être signée du requérant ou, s'il ne peut écrire, marquée par lui d'un signe certifié par deux témoins.

Le bureau d'assistance, s'il y a lieu, exige à l'appui de la demande la production de pièces et certificats propres à la justifier.

ARTICLE 8

Les demandes d'admission à l'assistance formées par des personnes qui prétendent avoir le domicile de secours départemental sont adressées, soit dans les conditions prévues à l'article 7 de la loi, soit directement au Préfet.

La demande doit être signée du requérant, ou, s'il ne peut écrire, être marquée par lui d'un signe certifié par deux témoins. Les signatures doivent être légalisées par le maire de la résidence. Les demandes doivent être accompagnées des pièces ci-après :

1° Bulletin de naissance ;

2° Extrait du rôle des contributions directes ;

3° Certificat médical constatant s'il s'agit d'infirmes ou

d'incurables, la nature de l'infirmité ou de l'affection, et, dans tous les cas, l'impossibilité de subvenir , par le travail, aux nécessités de l'existence.

Sauf les cas exceptionnels réservés à l'appréciation de la commission départementale, les demandes formées par les femmes mariées doivent être accompagnées de l'autorisation du mari. Les tuteurs introduisent les demandes au nom des mineurs ou interdits.

ARTICLE 9

Le Préfet, pour les assistés qui prétendent avoir le domicile de secours départemental, procède à l'instruction des demandes et les soumet à la Commission départementale avec l'avis du maire et du bureau d'assistance de la commune de la résidence et ses propres propositions.

ARTICLE 10

Le délégué des bureaux d'assistance du canton, appelé à faire partie de la commission cantonale prévue à l'article de la loi du 14 juillet 1905, est nommé ainsi qu'il suit :

Les commissions administratives des bureaux d'assistance sont invitées par le Préfet à désigner leur représentant. Il est procédé à cette désignation comme pour celle du vice-président.

Les délibérations sont transmises immédiatement à la préfecture par les soins du Président de la Commission administrative.

Le Préfet procède au dépouillement assisté de la commission départementale ; il proclame élu délégué celui qui a obtenu la majorité relative. En cas d'égalité de suffrages, le plus âgé est préféré. La durée du mandat est fixée à quatre ans. Toutefois, le premier mandat expirera en même temps que celui des conseils municipaux. Le délégué sera indéfiniment rééligible.

ARTICLE 11

Le délégué des sociétés de secours mutuels existant dans le canton, appelé à faire partie de la commission cantonale prévue à l'article 11 de la loi du 14 juillet 1905, est nommé ainsi qu'il suit :

Dans les cantons où il n'existe qu'une société de secours mutuels, l'assemblée générale, à ce invitée par le Préfet, désigne le délégué et transmet au Préfet le procès-verbal de sa délibération.

Dans les cantons où il existe plusieurs sociétés, l'assemblée générale de chacune d'elles, à ce invitée par le Préfet, prend une délibération. Chaque société vote par correspondance ; ce vote a une valeur proportionnelle au nombre des membres inscrits au 31 décembre de l'année antérieure à l'élection. Le vote est dépouillé comme à l'article 10.

La durée du mandat est fixée à quatre ans. Le délégué est indéfiniment rééligible.

ARTICLE 12

Chaque année, à la session d'août, la Commission départementale rend compte au Conseil général des admissions et des radiations prononcées en ce qui concerne les assistés ayant le domicile de secours départemental.

Chaque année, à la même session, le Préfet rend compte au Conseil général de l'ensemble du service pour le département.

TITRE III

Modes d'assistance.

ARTICLE 13

L'assistance des ayants-droit est assurée par trois modes différents, savoir :

1o Par le paiement d'une allocation à domicile ;
2o Par l'hospitalisation ;
3o Par le placement chez des particuliers.

ARTICLE 14

Le chiffre du taux de l'allocation mensuelle est revisé tous les cinq ans.

ARTICLE 15

Les hospices publics du département, tenus de recevoir jusqu'à concurrence des lits diponibles, les vieillards, les infirmes et les incurables assistés sont :

SITUATION (Par ordre alphabétique et) par arrondissement	Nom de l'établissement
Bayeux	Hôpital-Hospice.
Argences	Hospice.
Caen.	Hospice Saint-Lonis.
Troarn.	Hospice.
Villers-Bocage	Id.
Falaise.	Hôpital-Hospice.
Lisieux.	Hôpital-Hospice.
Orbec	Id.
Saint-Pierre-sur-Dives . . .	Hospice.
Honfleur	Hôpital-Hospice.
Pont-l'Evêque	Id.
Trouville.	Id.
Condé-sur-Noireau.	Id.
Vire	Id.

ARTICLE 16

Les établissements privés admis à recevoir en cas d'insuffisance des établissements publics, conformément aux dispositions de la loi, les vieillards, infirmes et incurables assistés, sont :

SITUATION	Nom et caractère de l'établissement
Isigny	Asile Saint-Joseph.

ARTICLE 17

Les conditions générales du placement des assistés chez des particuliers sont les suivantes :

Le placement est l'objet d'un traité passé entre le Préfet, agissant dans l'intérêt du service, et la personne qui s'engage à entretenir l'assisté.

Le placement est obligatoirement précédé d'un examen médical et d'une enquête sur les antécédents de l'assisté, afin d'éviter tout danger de contamination physiologique ou morale.

La personne chez qui l'assisté est placé doit être préalablement agréée par le maire de la commune de la résidence qui s'assure que le local est propre à recevoir l'assisté et remplit les conditions d'hygiène édictées par les lois et règlements, notamment par la loi du 15 février 1902.

Cette personne s'engage :

1° A loger l'assisté dans une chambre distincte ;

2° A le nourrir, à le vêtir et blanchir convenablement, suivant les habitudes du pays ;

3° A lui donner place au foyer et à la lumière, communs aux habitants du logis ;

4° A lui procurer les soins nécessaires à son état, tant en santé qu'en maladie, si l'affection ne comporte pas l'hospitalisation, sous réserve des dispositions de la loi de 1893 sur l'assistance médicale gratuite ;

5° A respecter sa liberté, dans la mesure conciliable avec l'accomplissement des obligations de la vie de famille, notamment à n'exercer sur lui aucune pression d'ordre politique ou religieux, à ne le contraindre à aucun travail et à ne point l'empêcher de travailler.

Le traité fixe la rémunération due au contractant, laquelle ne pourra excéder le coût de l'hospitalisation dans l'hospice public le plus voisin.

Article 18

Les certificats médicaux prévus à l'article 26 de la loi du 14 juillet 1905 et délivrés par les médecins de service de l'assistance médicale gratuite sur réquisition des maires ou du préfet sont motivés et donnent lieu à une rétribution totale de 2 fr., y compris le prix de la visite ou de la consultation, que le certificat soit délivré au cabinet du praticien ou au domicile de l'assisté résidant dans la commune du médecin, quelle que soit d'ailleurs, l'étendue de cette commune.

Dans le cas où l'état d'un assisté résidant dans une commune non pourvue de médecin ne lui permettrait pas de se rendre au cabinet d'un praticien, ce dernier aurait droit à une indemnité de déplacement de 0 fr. 50 par kilomètre au delà du premier kilcmètre et pour l'aller seulement.

ARTICLE 19

Les transports nécessités par le fonctionnement du service de l'assistance aux vieillards, aux infirmes et aux incurables ont lieu, suivant le domicile de secours, par les soins du représentant du bureau d'assistance ou du Préfet, et aux frais du service.

Les transports par voie ferrée s'effectuent en vertu de réquisitions délivrées, suivant le cas, par les maires ou par le préfet, et dressées conformément au modèle n° 26, annexé au décret du 12 juillet 1893, sur la comptabilité départementale.

TITRE IV

Voies et moyens.

ARTICLE 20

Les vieillards, infirmes ou incurables qui, avant le 1er janvier 1907, étaient assistés au compte des communes, soit dans des hospices, soit par leur placement chez des particuliers, tomberont à la charge du nouveau service après régularisation, s'il y a lieu, des traités intervenus, en cas d'assistance à domicile, entre ces communes et ces particuliers.

Il appartiendra à MM. les Maires de prendre à cet effet toutes mesures nécessaires pour provoquer cette régularisation.

Tous les assistés continueront à avoir pour domicile de secours les communes qui ont provoqué leur placement, à moins que ces dernières, invoquant les nouvelles dispositions légales sur la durée de la résidence nécessaire pour l'obtention de ce domicile, ne produisent la preuve, d'un autre domicile de secours avant le 1er janvier 1908. Passé ce délai, étant donné la quasi-impossibilité de découvrir un nouveau domicile de secours à des hospitalisés de vieille date, ces assistés seront

considérés comme ayant définitivement le domicile de secours
dans les communes ayant jusqu'alors pourvu à leur entretien.

ARTICLE 21

Les dépenses du service institué par le présent règlement
sont obligatoires.

Il est fait face à ces dépenses :

1º Par des contributions obligatoires et par des contributions
éventuelles des bureaux de bienfaisance et des hospices et par
les ressources communales spéciales provenant des fondations
faites en vue de l'assistance des bénéficiaires de la loi du 14 juillet
1905 ;

2º Par les ressources ordinaires libres des communes disponibles après prélèvement des dépenses ordinaires (obligatoires
et facultatives) et des dépenses extraordinaires obligatoires
garanties par un prélèvement sur ces recettes ;

3º Par les subventions du département et de l'Etat déterminées avec le concours du contingent communal dans les
conditions de l'article 27 de la loi.

ARTICLE 22

Les contributions que doivent obligatoirement fournir les
bureaux de bienfaisance et les hospices conformément aux
prescriptions de l'art. 30 de la loi précitée, sont versées dans
les caisses communales ainsi que les contributions éventuelles
de ces mêmes établissements.

L'importance de ces contributions est déterminée dans
chaque commune vers le commencement de chaque année
savoir :

1º Pour la contribution obligatoire, par une délibération
de la commission administrative de l'établissement, soumise
au contrôle et à l'approbation du conseil municipal et du
Préfet ;

2º Pour la contribution volontaire et éventuelle, par une
délibération du même établissement, soumise à l'approbation du conseil municipal et du Préfet. Il devra être tenu compte
dans la fixation de cette contribution, de la situation budgétaire de l'établissement et de ses besoins pour d'autres œuvres

d'assistance. Enfin, la contribution qui lui sera demandée ne pourra, en aucun cas, excéder le cinquième de ses ressources propres, à l'exclusion des subventions communales.

Il sera fait état, en recettes, au budget municipal, de ces contributions qui, concurremment avec les ressources spéciales communales, viendront ,en réalité, diminuer l'ensemble des dépenses incombant en propre aux communes, au département et à l'Etat.

ARTICLE 23

Comme conséquence du précédent article, les communes auront à effectuer directement le versement dans la caisse départementale de la part de dépenses leur incombant en propre et de celle des établissements de bienfaisance.

ARTICLE 24

Les contingents dus par chacune des collectivités sont fixés définitivement à la fin de chaque exercice. Toutefois, les communes sont tenues d'effectuer, si besoin est, et sur réquisition du Préfet, à titre d'acompte sur leur contingent définitif le versement dans la caisse départementale des sommes nécessaires pour assurer le bon fonctionnement du service.

Lors de l'établissement définitif des contingents communaux, le Préfet tiendra compte de ces versements dont le montant total ne devra pas dépasser pour chaque commune, la part due par celle-ci (y compris les contributions des institutions de bienfaisance) dans les dépenses engagées par elle.

ARTICLE 25

Le présent règlement sera publié au **Recueil des Actes administratifs** de la préfecture et sera exécutoire à partir du 1er janvier 1907.

Certifié conforme à la délibération du Conseil général

Le Préfet du Calvados,

CHADENIER.

Caen, Ch. VALIN, imprimeur de la Préfecture, 13, rue Ecuyère.

www.ingramcontent.com/pod-product-compliance
Lightning Source LLC
Chambersburg PA
CBHW061724060726
47597CB00006B/2557